नीम के पत्ते

[कविता]

नीम के पत्ते

रामधारी सिंह 'दिनकर'

लोकभारती प्रकाशन

लोकभारती प्रकाशन
पहली मंजिल, दरबारी बिल्डिंग, महात्मा गांधी मार्ग
प्रयागराज-211 001

वेबसाइट : www.lokbhartiprakashan.com
ईमेल : info@lokbhartiprakashan.com

शाखाएँ : 1-बी, नेताजी सुभाष मार्ग, दरियागंज
नई दिल्ली-110 002
अशोक राजपथ, साइंस कॉलेज के सामने
पटना-800 006
1, अनमोल सोराबजी संतुक लेन, धोबी तलाव,
मरीन लाइंस, मुम्बई-400 002

पहला संस्करण : 1987
पहला (लोकभारती) संस्करण : 2019
तीसरा संस्करण : 2024

मुद्रक : विकास कंप्यूटर एंड प्रिंटर्स
ट्रॉनिका सिटी-201 102

NEEM KE PATTE
Poems by Ramdhari Singh 'Dinkar'

ISBN : 978-93-88211-98-7

मूल्य : ₹395

प्राक्कथन

पूज्य राष्ट्रकवि रामधारी सिंह 'दिनकर' को गुजरे छियालीस वर्ष हो गए। अब उनकी 110वीं जयन्ती का वर्ष बीत रहा है।

यूँ तो महाकवि दिनकर जी को राष्ट्रकवि कहा गया है पर महीयसी महादेवी वर्मा ने कहा था कि वे विश्वकवि हैं, क्योंकि उनकी कविताओं में मात्र राष्ट्रीयता की वाणी और उसकी स्वायत्तता का गौरवगान और संघर्ष नहीं है वरन् प्रेम का एक व्यापक क्षितिज है जो उन्हें विश्वकवि की श्रेणी में ले आता है। वस्तुतः दिनकर जी एक ही साथ विश्वकवि, महाकवि, राष्ट्रकवि और जनकवि–सभी हैं। उनकी विभिन्न

कविताओं में भिन्न-भिन्न तौर पर उनके काव्य-व्यक्तित्व का वैशिष्ट्य प्रकट होता है।

दिनकर जी आज भी पाठकों के सर्वाधिक प्रिय कवि हैं और प्रासंगिक भी। उनकी कविताओं में आग है, राग है और अध्यात्म है। उनकी कविताओं का अवगाहन कर प्रतीत होता है कि वे अपने समकालीन कवियों से अलग तरीके से पाठकों के समक्ष प्रकट होते हैं।

दिनकर जी ने कहा था कि सच्चा कवि हमेशा जीवित रहता है–उसके प्रति राग और द्वेष के कारण उसके सामने उसका सही मूल्यांकन नहीं हो पाता। किसी कवि का सही मूल्यांकन उसके निधन के पचास वर्ष बाद होता है। और हम देख रहे हैं, जैसे-जैसे समय गुजरता जा रहा है, दिनकर जी की कविताओं की लोकप्रियता बढ़ती जा रही है।

पूर्व में दिनकर जी की सभी किताबें लोकभारती प्रकाशन से कुछ नवीन स्वरूप और अलग नाम देकर प्रकाशित हुई थीं। अब सभी पुस्तकें अपने पुराने नाम और प्रारूप में प्रकाशित हो रही हैं। आशा है, इससे दिनकर-प्रेमी हिन्दी साहित्य जगत् सन्तुष्ट होगा।

–अरविन्द कुमार सिंह

दिनकर भवन
आर्य कुमार रोड
पटना-800004

अनुक्रम

नीम के पत्ते

रोटी और स्वाधीनता

अय ताइरे-लाहूती! उस रिज़्क से मौत अच्छी,
जिस रिज़्क से आती हो परवाज में कोताही।

–इक़बाल

[1]

आजादी तो मिल गई, मगर, यह गौरव कहाँ जुगाएगा?
मरभुखे! इसे घबराहट में तू बेच न तो खा जाएगा?

आजादी रोटी नहीं, मगर, दोनों में कोई वैर नहीं,
पर, कहीं भूख बेताब हुई तो आजादी की खैर नहीं।

[2]

हो रहे खड़े आजादी को हर ओर दगा देनेवाले,
पशुओं को रोटी दिखा उन्हें फिर साथ लगा लेनेवाले।
इनके जादू का जोर भला कब तक बुभुक्षु सह सकता है?
है कौन, पेट की ज्वाला में पड़कर मनुष्य रह सकता है?

[3]

झेलेगा यह बलिदान? भूख की घनी चोट सह पाएगा?
आ पड़ी विपद तो क्या प्रताप-सा घास चबा रह पाएगा?
है बड़ी बात आजादी का पाना ही नहीं, जुगाना भी,
बलि एक बार ही नहीं, उसे पड़ता फिर-फिर दुहराना भी।

[4]

केवल रोटी ही नहीं, मुक्ति मन का उल्लास अभय भी है,
आदमी उदर है जहाँ, वहाँ वह मानस और हृदय भी है।
बुझती स्वतन्त्रता क्या पहले रोटियाँ हाथ से जाने से?
गुम होती है वह सदा भोग का धुआँ प्राण पर छाने से।

[5]

स्वातंत्र्य गर्व उनका, जो नर फाकों में प्राण गँवाते हैं,
पर, नहीं बेच मन का प्रकाश रोटी का मोल चुकाते हैं।
स्वातंत्र्य गर्व उनका, जिन पर संकट की घात न चलती है,
तूफानों में जिनकी मशाल कुछ और तेज हो जलती है।

[6]

स्वातंत्र्य गर्व उनका, जिनका आराध्य सुखों का भोग नहीं,
जो सह सकते सब कुछ, स्वतन्त्रता का बस एक वियोग नहीं।
धन-धाम छोड़कर जा बसते जो वीरानों, सहराओं में,
सोचा है, वे क्या ज्योति जुगाते फिरते दरी-गुफाओं में?

[7]

स्वातंत्र्य उमंगों की तरंग, नर में गौरव की ज्वाला है,
स्वातंत्र्य रूह की ग्रीवा में अनमोल विजय की माला है।
स्वातंत्र्य भाव नर का अदम्य, वह जो चाहे, कर सकता है,
शासन की कौन बिसात? पाँव विधि की लिपि पर धर सकता है।

[8]

स्वातंत्र्य सोचने का हक है, जैसे भी मन की धार चले,
स्वातंत्र्य प्रेम की सत्ता है, जिस ओर हृदय का प्यार चले।

स्वातंत्र्य बोलने का हक है, जो कुछ दिमाग में आता हो,
आजादी है यह चलने की, जिस ओर हृदय ले जाता हो।

[9]

फरमान नबी-नेताओं के जो हैं राहों में टँगे हुए,
अवतार और ये पैगम्बर जो हैं पहरे पर लगे हुए,
ये महज मील के पत्थर हैं, मत इन्हें पंथ का अन्त मान,
जिन्दगी माप की चीज नहीं, तू इसको अगम, अनन्त मान।

[10]

जिन्दगी वहीं तक नहीं, ध्वजा जिस जगह विगत युग ने गाड़ी,
मालूम किसी को नहीं अनागत नर की दुविधाएँ सारी।
सारा जीवन नप चुका, कहे जो, वह दासता-प्रचारक है,
नर के विवेक का शत्रु, मनुज की मेधा का संहारक है।

[11]

जो कहें, 'सोच मत स्वयं, बात जो कहूँ, मानता चल उसको',
नर की स्वतन्त्रता की मणि का तू कह आराति प्रबल उसको।
नर के स्वतन्त्र चिन्तन से जो डरता, कदर्य, अविचारी है,
बेड़ियाँ बुद्धि को जो देता, जुल्मी है, अत्याचारी है।

[12]

मन के ऊपर जंजीरों का तू किसी लोभ से भार न सह,
चिन्तन से मुक्त करे तुझको, उसका कोई उपचार न सह।
तेरे विचार के तार अधिक जितना चढ़ सकें चढ़ाता चल,
पथ और नया खुल सकता है, आगे को पाँव बढ़ाता चल।

[13]

लक्ष्मण-रेखा के दास तटों तक ही जाकर फिर जाते हैं,
वर्जित समुद्र में नाव लिये स्वाधीन वीर ही जाते हैं।
आजादी है अधिकार खोज की नई राह पर आने का,
आजादी है अधिकार नये द्वीपों का पता लगाने का।

[14]

आजादी है परिधान पहनना वही जो कि तन में आये,
आजादी है मानना उसे जो बात ठीक मन को भाये।
ढल कभी नहीं मन के विरुद्ध निर्दिष्ट किसी भी ढाँचे में,
अपनी ऊँचाई छोड़ समा मत कभी काठ के साँचे में।

[15]

स्वाधीन हुआ किसलिए? गर्व से ऊपर शीश उठाने को?
पशु के समान अथवा खूँटे पर घास पेट भर खाने को?

उस रोटी को धिक्कार, बचे जिससे मनुष्य का मान नहीं,
खा जिसे गरुड़ की पाँखों में रह पाती मुक्त उड़ान नहीं।

[16]

रोटी उसकी, जिसका अनाज, जिसकी जमीन, जिसका श्रम है,
अब कौन उलट सकता स्वतन्त्रता का सुसिद्ध, सीधा क्रम है?
आजादी है अधिकार परिश्रम का पुनीत फल पाने का,
आजादी है अधिकार शोषणों की धज्जियाँ उड़ाने का।

[17]

कानों-कानों की सही नहीं, चुपके-चुपके छिप आह न कर,
तू बोल, सोचता है जो कुछ, पहरों की टुक परवाह न कर।
अब नहीं गाँव में भिक्षु और दिल्ली में कोई दानी है,
तू दास किसी का नहीं, स्वयं स्वाधीन देश का प्राणी है।

[18]

है कौन जगत में, जो स्वतन्त्र जनसत्ता का अवरोध करे?
रह सकता सत्तारूढ़ कौन, जनता जब उस पर क्रोध करे?
आजादी केवल नहीं आप अपनी सरकार बनाना ही,
आजादी है उसके विरुद्ध खुलकर विद्रोह मचाना भी।

[19]

गौरव की भाषा नई सीख, भिखमंगों की आवाज बदल,
सिमटी बाँहों को खोल गरुड़! उड़ने का अब अन्दाज बदल।
स्वाधीन मनुज की इच्छा के आगे पहाड़ हिल सकते हैं,
रोटी क्या? ये अम्बरवाले सारे सिंगार मिल सकते हैं।

[1953 ई.]

मैंने कहा, लोग यहाँ तब भी हैं मरते?

[सन् 1945 ई. में, उत्तर-बिहार में, हैजा और मलेरिया, दोनों बड़े जोर से उठे थे। यह वह समय था जब अधिकांश नेता और सामाजिक कार्यकर्ता जेलों में बन्द थे। बिहार ने पुकार की कि जनता की सेवा के लिए राजेन्द्र बाबू रिहा किए जाएँ। किन्तु सरकार ने उन्हें रिहा नहीं किया। तब भी रिलीफ के नाम पर कई कार्यकर्ताओं को छुड़ाकर रिलीफ का काम शुरू कर दिया। सरकार उन दिनों राँची में थी, और रिलीफ का संगठन पटना में हो रहा था। अतएव राँची और पटना

के बीच नेताओं और अफसरों का आवागमन खूब बढ़ा। रिलीफ के काम के लिए सेठ भी दौड़े, साहूकार और बाबू भी तथा स्कूलों और कॉलेजों के लड़के भी। पटना के एक अंग्रेजी दैनिक ने उत्तर-बिहार की विपत्ति का प्रचार जोरों से शुरू किया। यहाँ तक कि गांधी जी को उसने खास तौर से तार भेजा कि उत्तर-बिहार में कस्तूरबा-स्मारक-निधि का काम बन्द कीजिए। मजे की बात यह हुई कि सरकार इस अखबार से बिगड़ उठी, बल्कि प्रधान सम्पादक को सरकार ने निकलवाकर दम लिया। फिर भी, लोग बदस्तूर मरते ही गए, मरते ही गए। रिलीफ कागज पर ज्यादा, व्यवहार में कम कामयाब हुआ। यह कविता तभी लिखी गई थी और पटना के विख्यात साप्ताहिक 'योगी' में बाबा अगिनगिर के नाम से छपी थी।]

भीषण विशूचिका, मलेरिया विकट है।
बना हुआ उत्तरी बिहार मरघट है।

एक-एक गाँव में पचास रोज़ मरते,
लाशें कढ़ती हैं हाय, रोज घर-घर से।

विधि की बिगाड़ी कौन बात थी बिहार ने?
मोटे हरफों में छाप डाला अखबार ने।

हलचल मच गई पूरे एक देश में,
दौड़े कई लोग उपकारियों के वेश में।

कुनैन, हँडुली भर, घड़ा भर फाज ले,
कुछ साबू-चीनी, कुछ बोरिया अनाज ले।

चुल्लू भर पानी से बुझाने आग गाँव की,
चल पड़ीं टोलियाँ अमीर-उमराव की।

फट पड़ी मीटिंग-कमेटी सब ओर से,
बड़े-बड़े लोग लगे रोने जोर-शोर से।

नेता लगे रोने, 'ईश देश पै दया करें,
कैद हैं राजेन्द्र बाबू, हम हाय, क्या करें?'

अखबार रोने लगे तार[1] चढ़-चढ़ के,
गांधी जी के पास जा पहुँचे बढ़-बढ़ के।

लंबे-लंबे रोने के बयान लगे छपने,
ऐसा हुआ हल्ला कि पहाड़[2] लगा कँपने।

रोते देख दूसरों को रोई सरकार भी,
और इसी बात पर हुई तकरार भी।

---

1. तार भी और ताड़ भी।
2. बिहार का तत्कालीन गवर्नर, रदरफोर्ड, जो उस समय राँची में था।

डाँटा एक को कि तेरा रोना बड़ा तेज है,
धीरे-धीरे रो, न हाल हैरतअंगेज है।

रो रही हूँ मैं, यथेष्ट यही अश्रुधार है,
तू तो सनकी-सा गले को ही रहा फाड़ है।

हाकिम-हुक्काम ने भी कोई कमी की नहीं,
लेकिन, वो चीज उन्हें मिलने को थी नहीं।

मिलती है सिर्फ जो कि उसको बाजार में,
छपते हैं जिसके रुदन अखबार में।

आँसुओं की बाढ़ देख कोसी[1] हुई मात है।
और इस साल रुक गई बरसात है।

अथ क्षेपक

और कल की ही ये कहानी जरा सुन लो,
सच कहता हूँ याकि झूठ खुद गुन लो।

एक गाँव हो के जा रही थीं बैलगाड़ियाँ
ढोती हुई दस मरे हुओं की सवारियाँ।

---

1. उत्तर-बिहार की शैतान नदी, जो हर साल तबाही लाती है।

गाँववाले कहते थे, भाई! ठहरो जरा,
एक मुरदा है पहले से ही यहाँ पड़ा।

और चार आदमी घड़ी के मेहमान हैं,
पाँच लाशें ढोने के यहाँ नहीं सामान हैं।

ठहरो अभी ही गाड़ियों में लाशें भरके।
साथ होंगे हम भी कलेजा कड़ा करके।

इति क्षेपक

सेवा छोड़ हम कोई काम नहीं करते।
मैंने कहा, लोग यहाँ तब भी हैं मरते?

गाँव-गँवई के लोग मानते न गुन हैं,
जो भी करो, बस, इन्हें मरने की धुन है।

इनके लिए है पड़ा किसको न खटना?
एक हो रहा है आज राँची और पटना।

नेता इनके लिए ही जुट रहे टूट के,
जेलों से हैं दौड़ रहे नेता छूट-छूट के।

देखने को आने ही वाले हैं छोटे लाट भी।
फिर भी, पनाह ले पड़े हैं लोग खाट की।

अरे ओ मुमूर्षु! मरने से जरा पहले,
एक सीधी बात का जवाब मुझे कह ले।

नेता परीशान, परीशान सरकार है।
बोल, मरने का तुझे कौन अधिकार है?

और मरना भी चाहता उस रोग से
जिसका इलाज है सहज सिद्ध-योग से?

मरने का पाप इस मुल्क पै धरेगा क्या?
छपते बयान, तिस पर भी मरेगा क्या?

तेरा नाम ले के चल पड़े अखबार हैं,
और कई लोगों ने गरेबाँ[1] लिये फाड़ हैं।

गूँज रहे शोर से अनेक हाट-बाट हैं,
दौड़ रहे नेतागण, दौड़ रहे लाट हैं।

---

1. उत्तरीय : अंचल अथवा पोशाक का निचला भाग।

देख, दौड़ते हैं मुरदे भी दबी गोर[1] के,
छोकड़े हैं दौड़ रहे अंडे तोड़-तोड़ के।

अगुनी! कृतघ्न! तब भी तू मरने चला?
देश के ललाट पै कलंक धरने चला?

[1945 ई.]

1. कब्र।

अरुणोदय

[15 अगस्त, सन् 1947 को स्वतंत्रता के स्वागत में रचित]

नई ज्योति से भींग रहा उदयाचल का आकाश,
जय हो, आँखों के आगे यह सिमट रहा खग्रास।

है फूट रही लालिमा, तिमिर की टूट रही घन कारा है,
जय हो, कि स्वर्ग से छूट रही आशीष की ज्योतिर्धारा है।

बज रहे किरण के तार, गूँजती है अम्बर की गली-गली,
आकाश हिलोरें लेता है, अरुणिमा बाँध धारा निकली।

प्राची का रुद्ध कपाट खुला, ऊषा आरती सजाती है,
कमला जयहार पिन्हाने को आतुर-सी दौड़ी आती है।

जय हो उनकी, कालिमा धुली जिनके अशेष बलिदानों से,
लाली का निर्झर फूट पड़ा जिनके शायक-सन्धानों से।

परशवता-सिन्धु तरण करके तट पर स्वदेश पग धरता है,
दासत्व छूटता है, सिर से पर्वत का भार उतरता है।

मंगल-मुहूर्त; रवि! उगो, हमारे क्षण ये बड़े निराले हैं,
हम बहुत दिनों के बाद विजय का शंख फूँकनेवाले हैं।

मंगल-मुहूर्त्त; तरुगण! फूलो, नदियो! अपना पय-दान करो,
जंजीर तोड़ता है भारत, किन्नरियो! जय-जय गान करो।

भगवान साथ हों, आज हिमालय अपनी ध्वजा उठाता है,
दुनिया की महफिल में भारत स्वाधीन बैठने जाता है।

आशीष दो वनदेवियो! बनी गंगा के मुख की लाज रहे,
माता के सिर पर सदा बना आजादी का यह ताज रहे।

आजादी का यह ताज बड़े तप से भारत ने पाया है,
मत पूछो, इसके लिए देश ने क्या कुछ नहीं गँवाया है।

जब तोप सामने खड़ी हुई, वक्षस्थल हमने खोल दिया,
आई जो नियति तुला लेकर, हमने निज मस्तक तोल दिया।

माँ की गोदी सूनी कर दी, ललनाओं का सिन्दूर दिया,
रोशनी नहीं घर की केवल, आँखों का भी दे नूर दिया।

तलवों में छाले लिये चले बरसों तक रेगिस्तानों में,
हम अलख जगाते फिरे युगों तक झंखाड़ों, वीरानों में।

आजादी का यह ताज विजय-साका है मरनेवालों का,
हथियारों के नीचे से खाली हाथ उभरनेवालों का।

इतिहास! जुगा इसको, पीछे तस्वीर अभी जो छूट गई,
गांधी की छाती पर जाकर तलवार स्वयं ही टूट गई।

जर्जर वसुन्धरे! धैर्य धरो, दो यह संवाद विवादी को,
आजादी अपनी नहीं; चुनौती है रण के उन्मादी को।

हो जहाँ सत्य की चिनगारी, सुलगे, सुलगे, वह ज्वाल बने,
खोजे अपना उत्कर्ष अभय, दुर्दान्त शिखा विकराल बने।

सबकी निर्बाध समुन्नति का संवाद लिये हम आते हैं,
सब हों स्वतन्त्र, हरि का यह आशीर्वाद लिये हम आते हैं।

आजादी नहीं, चुनौती है, है कोई वीर जवान यहाँ?
हो बचा हुआ जिसमें अब तक मर मिटने का अरमान यहाँ?

आजादी नहीं, चुनौती है, यह बीड़ा कौन उठाएगा?
खुल गया द्वार, पर, कौन देश को मन्दिर तक पहुँचाएगा?

है कौन, हवा में जो उड़ते इन सपनों को साकार करे?
कौन उद्यमी नर, जो इस खँडहर का जीर्णोद्धार करे?

माँ का अंचल है फटा हुआ, इन दो टुकड़ों को सीना है,
देखें, देता है कौन लहू, दे सकता कौन पसीना है?

रोली लो, उषा पुकार रही, पीछे मुड़कर टुक झुको-झुको
पर, ओ अशेष के अभियानी! इतने पर ही तुम नहीं रुको।

आगे वह लक्ष्य पुकार रहा, हाँकते हवा पर यान चलो,
सुरधनु पर धरते हुए चरण, मेघों पर गाते गान चलो।

पीछे ग्रह और उपग्रह का संसार छोड़ते बढ़े चलो,
करगत फल-फूल-लताओं की मदिरा निचोड़ते बढ़े चलो।

बदली थी जो पीछे छूटी, सामने रहा, वह तारा है,
आकाश चीरते चलो, अभी आगे आदर्श तुम्हारा है।

निकले हैं हम प्रण किये अमृत-घट पर अधिकार जमाने को,
इन ताराओं के पार, इन्द्र के गढ़ पर ध्वजा उड़ाने को।

सम्मुख असंख्य बाधाएँ हैं, गरदन मरोड़ते बढ़े चलो,
अरुणोदय है, यह उदय नहीं, चट्टान फोड़ते बढ़े चलो।

[अगस्त, 1947 ई.]

पहली वर्षगाँठ

ऊपर-ऊपर सब स्वाँग, कहीं कुछ नहीं सार,
केवल भाषण की लड़ी, तिरंगे का तोरण।
कुछ से कुछ होने को तो आजादी न मिली,
वह मिली गुलामी की ही नकल बढ़ाने को।

आजादी खादी के कुरते की एक बटन,
आजादी टोपी एक नुकीली तनी हुई।

फैशनवालों के लिए नया फैशन निकला,
मोटर में बाँधो तीन रंगवाला चिथड़ा
औ' गिनो कि आँखें पड़ती हैं कितनी हम पर,
हम पर यानी आजादी के पैगम्बर पर।

है कहाँ तुम्हारी आजादी? क्या स्कूलों में,
अनुशासन लँगड़ा हुआ जहाँ बिललाता है?
हड़ताल, कर्ण-भेदी प्रचंड कोलाहल में
है जहाँ गर्क भावी नेताओं के समूह?
या उस इंजन पर जिसे ड्राइवर खड़ा छोड़
है चला गया बाजार कहीं सुरती लाने?

अथवा मुट्ठी भर उन नोटों के बंडल में
हो रहे देखकर जिन्हें चाँद-सूरज अधीर?
टोपी कहती है, मैं थैली बन सकती हूँ।
कुरता कहता है, मुझे बोरिया ही कर लो।
ईमान बचाकर कहता है, आँखें सबकी,
बिकने को हूँ तैयार, खुशी हो जो दे दो।

सौदा करने को चले देख सब एक लग्न।
बहती गंगा में पद पखारने की खातिर
देखो, तट पर कैसों-कैसों की जुटी भीड़?
आजादी आई नहीं, विकट कुहराम मचा,
है मची हुई अच्छों-अच्छों में मार-पीट।

कहते हैं, जो थे साधु-सरीखे पाक-साफ,
डुबकियाँ लगा वे भी अब पानी पीते हैं।

बिक रही आग के मोल आज हर जिन्स, मगर,
अफसोस, आदमीयत की ही कीमत न रही।

आ रही, शोर है, आजादी की वर्षगाँठ।
है मुझे हुक्म, कोई उन्मादक गीत लिखो,
जी, बहुत खूब, सेवा में हाजिर हुआ अभी
अंगारों की कड़ियोंवाली कविता लेकर!

लेकिन, यह क्या? सपनों में हाथ बढ़ाने पर
आता न पकड़ में कुछ भी, है सब शून्य-शून्य।
मुट्ठी रह जाती रिक्त, नहीं कुछ भी मिलता,
कल्पना फूँक से भरी हुई, पर, पोली है।

महँगी आजादी के जीवन का एक साल!
बापू को डाला मार; नमक का दाम दिया।
महँगी आजादी के जीवन का एक साल,
कश्मीर - हैदराबाद धधकते - जलते हैं।
जाड़े का मौसम, बड़े जोर की ठंडक है।
है देश ठिठुर कर ताप रहा इस ज्वाला को।

महँगी आजादी की यह पहली साल-गिरह,
रहने दो; बापू की वर्षी है दूर नहीं।

औ' धूमधाम से नहीं मनाओगे तुम क्या
कुछ ही वर्षों में दशक चोरबाजारी का?
छल, छद्म, कपट का, राजनीति की तिकड़म का,
क्रम-क्रम से उत्सव इनका भी होना चाहिए।

लपटों से चारों ओर घिरी आजादी है,
हाँ, अभी ग्रन्थ को खोल धर्म से राय करो,
'हिंसा हो जाती वैध कहाँ तक सहने पर?
गोलियाँ दगाने लगे शत्रु जब, तब उनको
गोलों से रोकें याकि सूत के पोलों से?

लपटों से चारों ओर घिरी आजादी है;
मत हिलो-डुलो, बस, ध्यान लगाओ, सुनो, गुनो,
है कौन ठीक? गांधीवादी या कमूनिस्ट?
या सोशलिस्ट जो कांग्रेस से अलग कूद
कुछ नये ढंग के शस्त्र बनानेवाले हैं?

व्याख्यान सुनो, शायरी करो, सरकारों को
गालियाँ सुनाओ, थूको भीतर का बुखार।
सरदार-जवाहरलाल नहीं कुछ भी निकले,
हम होते तो किस्मत ही आज बदल जाती।

औ' आजादी की सालगिरह के आने पर
तोरण सजवाओ और निकालो विशेषांक।
दर्शनवेत्ताओं के बेटे क्या और करें?

हाँ, खूब मनाओ आजादी की वर्षगाँठ,
पर, नहीं इस खुशी में कि साल भर हुआ उसे।
इसलिए कि वह अब तक भी तुमसे छिनी नहीं।

[15 अगस्त, 1948 ई.]

सपनों का धुआँ

'है कौन?'...'मुसाफिर वही जोकि कल आया था,
या कल जो था मैं, आज उसी की छाया हूँ।
जाते-जाते कल छूट गए कुछ स्वप्न यहीं,
खोजता रात में आज उन्हीं को आया हूँ।'

'जीते हैं मेरे स्वप्न? आपने देखा था?'
'हाँ, छोड़ गए थे यहाँ आप ही दूब हरी?
अफसोस! मगर, कल शाम आपके जाते ही
चर गई उसे जड़-मूल-सहित मेरी बकरी।

'चन्दन भी था कुछ पड़ा हुआ घर के बाहर,
कल रात लगी थरथरी उसे तब मँगवाया;
जी भर कर तापा धर कर उसे अँगीठी में,
जब धुआँ उठा, घर भर को बड़ा मजा आया।

'दूर ही रहो अय चाँद! आदमी बड़े-बड़े
आगे-पीछे भी नहीं सोचने पाएँगे।
पीयूष तुम्हारे मरने का कारण होगा,
प्याले पर धर कर तुम्हें चाट ही जाएँगे।'

[1949 ई.]

व्यष्टि

तुम जो कहते हो, हम भी हैं चाहते वही,
हम दोनों की किस्मत है एक दहाने में।
है फर्क मगर, काशी में जब वर्षा होती,
हम नहीं तानते हैं छाते बरसाने में।

तुम कहते हो, आदमी नहीं यों मानेगा,
खूँटे से बाँधो इसे और रिरियाने दो;
सीधे मन से यह पाठ नहीं जो सीख सका,
लाठी से थोड़ी देर हमें सिखलाने दो।

हम कहते हैं, आदमी तभी सीधा होगा,
जब ऊँचाई पर पहुँच स्वयं वह जागेगा;
यों, सदी-दो सदी तक खूँटे से बाँध रखो,
जंजीरें ढीली हुईं कि वह फिर भागेगा।

है आँख तुम्हारी निराकारता के ऊपर,
तुम देख रहे कल्पित समाज की छाया को;
हमको तो केवल व्यष्टि दिखाई पड़ती है,
मुट्ठी कैसे पकड़े समष्टि की माया को?

मढ़ कभी सकोगे चाम निखिल भूमंडल पर?
बेकार रात-दिन इतना स्वेद बहाते हो!
काँटे पथ में हैं अगर, व्यक्ति के पाँवों में
तुम अलग-अलग जूते क्यों नहीं पिन्हाते हो?

[1950 ई.]

पंचतिक्त

[1]

चीलों का झुंड उचक्का है, लोभी, बेरहम, लुटेरा भी;
रोटियाँ देख कमजोरों पर क्यों नहीं झपट्टे मारेगा?
डैने इनके झाड़ते रहो दम-ब-दम कड़ी फटकारों से,
बस, इसीलिए जो कहता हूँ, आवाजें अपनी तेज करो।
औ' हो जाएँ तो ढीठ, न मानें अदब-रोब फटकारों का;
तो कहीं रोटियों के पीछे नेजों की नोकें खड़ी करो।

[2]

साँपों को तो देखिए, मौत का रस दातों में भरे हुए,
चन्दन से लिपट पड़े रहते, खेलते फूल की छाँहों में।
जन्नत से कढ़वा दिया शुरू में ही बेचारे आदम को,
औ' तब से ही ये पड़े स्वर्ग में दूध-बताशे खाते हैं।
साँपों से पाएँ त्राण, अक्ल में आती कोई बात नहीं,
जनमेजय कितना करे? देवता ही साँपों के बस में हैं।
शंकर को तो देखिए, गले में हैं नागों के हार लिये।
औ' विष्णुदेव भी साँपों की गुलगुली सेज पर सोते हैं।

[3]

जो घटा घुमड़ती फिरती है, वह बिना बुलाए ही आई?
आकाश! नहीं क्या चीख-चीख तूने इसका आह्वान किया?
क्वारी थी, काँप उठा था मन कुन्ती का रवि के आने पर,
थरथरी तुझे क्यों लगी? अरे, तू तो उस्ताद पुराना है।
है वृथा यत्न दम साध पेट में यह तूफान पचाने का;
मानेंगे बरसे बिना नहीं ये न्योते पर आनेवाले।

[4]

पीयूष गाड़ कर शीशे में दुकान सजाना काम नहीं,
तारों को भट्ठी-बीच डाल सिक्के न ढालना आता है।
यों तो किस्मत ने फेंक दिया मुझको भी उन्हीं जनों में जो,

बेचते नहीं शरमाते हैं ईश्वर को भी बाजारों में।
पर, एकरूप होकर भी हम दोनों आपस में एक नहीं,
अय चाँद! देख मत मुझे आदमी समझ शुभा की आँखों से।

[5]

ओ बदनसीब! क्या हाथ उठाये है? आगे को पाँव बढ़ा;
छाया देने के लिए घटा कोई न स्वर्ग से आएगी।
संयोग, कभी मिल जाय, सभी दिन तो 'ओयसिस' नहीं मिलती,
पर, प्यास पसीने से भी तो बुझती है रेगिस्तानों में।
आगे बढ़, खड़ा-खड़ा किसकी आशा में समय बिताता है?
जिनकी थी आस बहुत तुझको, वे चले गए तहखानों में।

[1949 ई.]

राहु

चेतनाहीन ये फूल तड़पना क्या जानें?
जब भी आ जाती हवा कि पेंग बढ़ाते हैं।
झूलते रात भर मंद पवन के झूलों पर,
फूटी न किरण की धार कि चट खिल जाते हैं।

लेकिन, मनुष्य का हाल? हाय, वह फूल नहीं,
दिनमान निठुर सारा दिन उसे जलाता है।
औ' फुटपाथों पर लेट रात भर पड़ा-पड़ा
आदमी चाँद को अपना घाव दिखाता है।

जिसका सारा जादू समाप्त हो फूलों पर,
वह सूर्य जगत में किस बूते पर जीता है?
मरता न डूब क्यों चाँद, हृदय का मधु जिसका
मानव की आत्मा नहीं, दग्ध तन पीता है?

यह जलन? और यह दाह? सूर्य अम्बर छोड़े;
यह पीला-पीला चाँद? इसे बुझ जाने दो।
क्या अन्धकार इससे भी दुखदायी होगा?
मत रोको कोई राह, राहु को आने दो!

[1949 ई.]

नेता

नेता! नेता! नेता!

क्या चाहिए तुझे रे मूरख!
सखा? बन्धु? सहचर? अनुरागी?
या जो तुझको नचा-नचा मारे
वह हृदय-विजेता?
नेता! नेता! नेता!

मरे हुओं की याद भले कर,
किस्मत से फरियाद भले कर,
मगर, राम या कृष्ण लौट कर
फिर न तुझे मिलनेवाले हैं।

टूट चुकी है कड़ी;
एक तू ही उसको पहने बैठा है।
पूजा के ये फूल फेंक दे,
अब देवता नहीं होते हैं।
बीत चुके हैं सतयुग-द्वापर,
बीत चुका है त्रेता।
नेता! नेता! नेता!

नेता का अब नाम नहीं ले,
अन्धेपन से काम नहीं ले,
हवा देश की बदल गई;
चाँद और सूरज, ये भी अब
छिपकर नोट जमा करते हैं।
और जानता नहीं अभागे,
मन्दिर का देवता चोर-बाजारी में पकड़ा जाता है?
फूल इसे पहनाएगा तू?
अपना हाथ घिनाएगा तू?

उठ मन्दिर के दरवाजे से,
जोर लगा खेतों में अपने;

नेता नहीं, भुजा करती है
सत्य सदा जीवन के सपने।
पूजे अगर खेत के ढेले
तो, सचमुच, कुछ पा जाएगा,
भीख याकि वरदान माँगता
पड़ा रहा तो पछताएगा।
इन ढेलों को तोड़,
भाग्य इनसे तेरा जगनेवाला है।
नेताओं का मोह मूढ़!
केवल तुझको ठगनेवाला है।
लगा जोर अपने भविष्य का बन तू आप प्रणेता।
नेता! नेता! नेता!

[1950 ई.]

जनता

मत खेलो यों बेखबरी में, जनता फूल नहीं है।
और नहीं हिन्दू-कुल की अबला सतवन्ती नारी,
जो न भूलती कभी एक दिन कर गहनेवालों को,
मरने पर भी सदा उसी का नाम जपा करती है।

जनसमुद्र यह नहीं, सिन्धु है यह अमोघ ज्वाला का,
जिसमें पड़कर बड़े-बड़े कंगूरे पिघल चुके हैं।
लील चुका है यह समुद्र जाने कितने देशों में,
राजाओं के मुकुट और सपने नेताओं के भी।

सहलाते हो पीठ सुना कर चिकनी-चुपड़ी बातें?
पर, शेरनी स्पर्श में मन का पाप समझ जाती है।

मणि, मुक्ता, वैदूर्य, रत्न पच गए जहाँ पानी-से,
क्या बिसात है वहाँ तुम्हारे तृणकोमल वल्कल की?
सावधान, जनभूमि किसी का चरागाह नहीं है,
घास यहाँ की पहुँच पेट में काँटा बन जाती है।

[1949 ई.]

जनता और जवाहर

फीकी उसाँस फूलों की है, मद्धिम है जोति सितारों की;
कुछ बुझी-बुझी-सी लगती है झंकार हृदय के तारों की।

चाहे जितना भी चाँद चढ़े, सागर न किन्तु, लहराता;
कुछ हुआ हिमालय को, गरदन ऊपर को नहीं उठाता है।

अरमानों में रोशनी नहीं, इच्छा में जीवन का न रंग,
पाँखों में पत्थर बाँध कहीं सूने में जा सोई उमंग।

गम की चट्टानों के नीचे जिन्दगी पड़ी सोई-सी है,
निर्वापित दीप हुआ जब से, जनता खोई-खोई-सी है।

झालरें ख्वाब के परदों की, झाँकी रंगीन घटाओं की,
दिखलाते हैं के तस्वीरें, किसको आसन्न छटाओं की?

तम के सिर पर आलोक बाँध डूबा जो नरता का दिनेश,
उस महासूर्य की याद लिये बेहोशी में है पड़ा देश।

औरों की आँखें सूख गईं; हैं सजल दीनता के लोचन,
औरों के नेता गए, मगर, जनता का उजड़ गया जीवन।

चुभती है पल-पल, घड़ी-घड़ी अन्तर में गाँस कसाले की,
भूलती याद ही नहीं कभी छाती छिदवानेवाले की।

आँखें वे मलिन गुफाओं में शीतल प्रकाश भरनेवाली,
मुस्कानें वे पीयूषमयी उम्मीद हरी करनेवाली।

सबके पापों का बोझ उठाये फिरना जान अकेली पर,
बापू का वह घूमना प्राण को निर्भय लिये हथेली पर।

अभिशप्त देश के हाथों से विष-कलश खुशी से ले जाना,
फिर उसी अभागे की खातिर अनमोल जिन्दगी दे देना।

इन अमिट झाँकियों से लिपटा अन्तर स्वदेश का सोता है,
है किसे फिक्र आवाज सुने? समझे कि कहाँ क्या होता है?

इस घमासान अँधियाले से आशा का दीपक एक शेष,
जनता के ज्योतिर्नयन! तुम्हें ही देख-देख जी रहा देश।

जो मिली विरासत तुम्हें, आँख उसकी आँसू से गीली है,
आशाओं में आलोक नहीं, इच्छाएँ नहीं रँगीली हैं।

इस महासिन्धु के प्राणों में आलोड़न फिर भरना होगा,
जनतन्त्र बसाने के पहले जन को जाग्रत करना होगा।

सपनों की दुनिया डोल रही, निष्ठा के पग थर्राते हैं,
तप से प्रदीप्त आदर्शों पर बादल-से छाये जाते हैं।

इस गहन तमिस्रा को बेधो, शायक नवीन सन्धान करो,
ऊँघती हुई सुषमाओं का किरणों पर चढ़ आह्वान करो।

जनता विषण्ण, जनता उदास, जनता अधीर अकुलाती है,
निरुपाय, तुम्हारी जय पुकार वह अपना हृदय जुड़ाती है।

गम-गहन उदासी के भीतर आशा का यह उच्चार सुनो,
इस महाघोर अँधियाले में अपनी यह जय-जयकार सुनो।

भीतर आवेगों की आँधी ज्यों-ज्यों हो विवश मचलती है,
त्यों-त्यों, अधीर जन-कंठों से आकुल जयकार निकलती है।

हैं पूछ रहे जय के निनाद, कब तक यह रात खत्म होगी?
सूखेंगे भींगे नयन और वेदना देश की कम होगी?

जो स्वर्ग हवा में हिलता है, मिट्टी पर वह कब आएगा?
काले बादल हैं जहाँ, वहाँ कब इन्द्रधनुष लहराएगा?

झूलता तुम्हारी आँखों में जो स्वर्ग, हमारी आशा है,
तुम पाल रहे हो जिसे, वही भारत भर की अभिलाषा है।

आँसू के दानों में झरते, वे मोती निर्धनता के हैं,
लिखते हो जो कुछ, वही लेख सौभाग्य दीन जनता के हैं।

सब देख रहे हैं राह, सुधा कब धार बाँधकर छूटेगी,
नरवीर! तुम्हारी मुट्ठी से किस रोज रोशनी फूटेगी?

है खड़ा तुम्हारा देश, जहाँ भी चाहो, वहीं इशारों पर!
जनता के ज्योतिर्नयन! बढ़ाओ कदम चाँद पर, तारों पर!

है कौन जहर का वह प्रवाह जो तुम चाहो औ' रुके नहीं?
है कौन दर्पशाली ऐसा, तुम हुक्म करो, वह झुके नहीं?

न्यौछावर इच्छाएँ, उमंग, आशा, अरमान, जवाहर पर।
सौ-सौ जानों से कोटि-कोटि जन हैं कुरबान जवाहर पर।

नाजाँ है हिन्दुस्तान, एशिया को अभिमान जवाहर पर।
करुणा की छाया किये रहें पल-पल भगवान जवाहर पर।

[1949 ई.]

निराशावादी

पर्वत पर, शायद, कोई वृक्ष न शेष बचा;
धरती पर, शायद, शेष बची है नहीं घास;

उड़ गया भाप बनकर सरिताओं का पानी,
बाकी न सितारे बचे चाँद के आस-पास।

क्या कहा कि मैं घनघोर निराशावादी हूँ?
तब तुम्हीं टटोलो हृदय देश का, और कहो,

लोगों के दिल में कहीं अश्रु क्या बाकी है?
बोलो, बोलो, विस्मय में यों मत मौन रहो।

[1949 ई.]

हे राम!

लो अपना यह न्यास देवता! बाँह गहो गुणधाम!
भक्त और क्या करे सिवा, लेने के पावन नाम?

स्वागत, नियति-नियत क्षण मेरे! बजा विजय की भेरी;
मुक्तिदूत! जाने कब से थी मुझे प्रतीक्षा तेरी।

और कौन तुम तृषित? अरे, चुल्लू भर शोणित को ही,
तुम आए ले शस्त्र, व्यर्थ बनकर समाज के द्रोही?

मेरा शोणित शमित सके कर अगर किसी का ताप,
घर बैठे पहुँचा आऊँ मैं उसे न क्यों चुपचाप?

क्षमा करो देवाधिदेव! अपराधी किसका, कौन?
इच्छा राम! प्रधान तुम्हारी; दोष हमारे गौण।

विदा, युद्धजर्जर वसुधे! किस तरह करूँ परितोष?
भेजें राम मुझे लेकर फिर कभी अमृत का कोष।

फूँक जगत् के कर्णकुहर में देव! तुम्हारा नाम,
क्षमा करो देवाधिदेव, आया, आया हे राम![1]

[1949 ई.]

1. बापू के मुख से निकले हुए अन्तिम शब्द।

गांधी

मा भैः, मा भैः,
मा भैः, मा भैः।

मोह तिमिर है, मोह मृत्यु है, छोड़ो इसे अभागो रे!
भय का बन्धन तोड़ अमृत के पुत्र मानवो! जागो रे!
मा भैः, मा भैः।

दमन करो मत कभी, सत्य को मुख से बाहर आने दो,

भय के भीषण अन्धकार में ज्योति उसे फैलाने दो।
मा भैः, मा भैः।

जुल्मी को जुल्मी कहने से जीभ जहाँ पर डरती है,
पौरुष होता क्षार वहाँ, दम घोंट जवानी मरती है।
मा भैः, मा भैः।

सत्य न होता प्राप्त कभी भी सत्य-सत्य चिल्लाने से,
मिलता है वह सदा एक निर्भयता को अपनाने से।
मा भैः, मा भैः।

निर्भयता है ज्योति मनुज की, निर्भयता मानव का बल,
निर्भयता शूरों की शोभा, वीरों की करवाल, प्रबल।
मा भैः, मा भैः।

अभय, अभय ओ अमृतपुत्र! बेबसी, वेदना बोलो भी।
दम घुट रहा सत्य का भीतर, द्वार हृदय का खोलो भी।
मा भैः, मा भैः।

[1949 ई.]

स्वाधीन भारत की सेना

जाग रहे हम वीर जवान,
जियो, जियो अय हिन्दुस्तान!

[1]

हम प्रभात की नई किरण हैं, हम दिन के आलोक नवल,
हम नवीन भारत के सैनिक, धीर, वीर, गम्भीर, अचल।
हम प्रहरी ऊँचे हिमाद्रि के, सुरभि स्वर्ग की लेते हैं।
हम हैं शान्तिदूत धरणी के, छाँह सभी को देते हैं।

वीर-प्रसू माँ की आँखों के हम नवीन उजियाले हैं।
गंगा, यमुना, हिन्द महासागर के हम रखवाले हैं।

तन, मन, धन तुम पर कुर्बान,
जियो, जियो अय हिन्दुस्तान!

[2]

हम सपूत उनके, जो नर थे अनल और मधु मिश्रण,
जिसमें नर का तेज प्रखर था, भीतर था नारी का मन!
एक नयन संजीवन जिनका, एक नयन था हलाहल,
जितना कठिन खड्ग था कर में, उतना ही अन्तर कोमल।
थर-थर तीनों लोक काँपते थे जिनकी ललकारों पर,
स्वर्ग नाचता था रण में जिनकी पवित्र तलवारों पर।

हम उन वीरों की सन्तान,
जियो, जियो अय हिन्दुस्तान!

[3]

हम शकारि विक्रमादित्य हैं अरिदल को दलनेवाले,
रण में जमीं नहीं, दुश्मन की लाशों पर चलनेवाले।
हम अर्जुन, हम भीम, शान्ति के लिए जगत् में जीते हैं।
मगर, शत्रु हठ करे अगर तो, लहू वक्ष का पीते हैं।